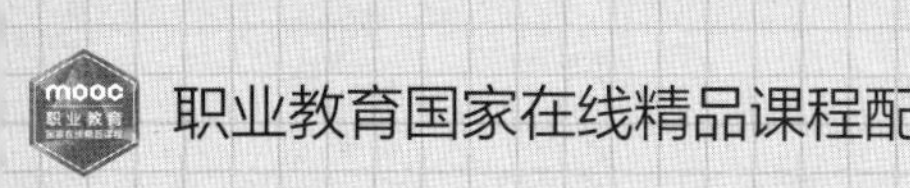

职业教育国家在线精品课程配套教材

高等职业教育土木建筑类专业群
"建业筑新 匠心育才"系列教材

建筑识图与构造习题集

主　编　梁沧波　范海波

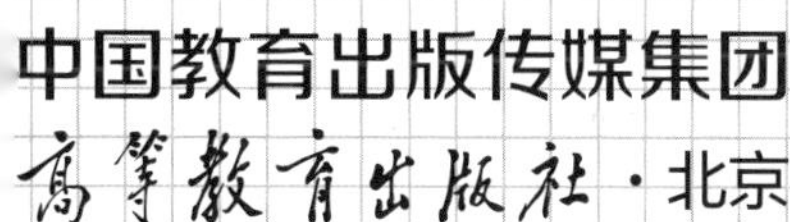

内容提要

本书是范海波、梁沧波主编教材《建筑识图与构造》的配套习题集，主要内容为与主教材六个教学项目对应，设置配套练习题，分别为：绘制简单图样、绘制三面投影图、绘制建筑图样剖面图、识读建筑平面图、识读建筑立面图与剖面图、识读建筑详图。

本书可作为高等职业院校、成人高校和继续教育学院的土建类专业教材，也可以作为相关岗位的工程技术和管理人员自学用书和参考用书。

用书教师如需获取本书授课用电子课件等配套资源，请登录“高等教育出版社产品信息检索系统”（https://xuanshu.hep.com.cn/）免费下载。

图书在版编目（CIP）数据

建筑识图与构造习题集／梁沧波，范海波主编．北京：高等教育出版社，2024.9. -- ISBN 978-7-04-062800-5

Ⅰ. TU2-44

中国国家版本馆 CIP 数据核字第 20243PC033 号

JIANZHU SHITU YU GOUZAO XITIJI

策划编辑　刘东良　　责任编辑　刘东良　　封面设计　于　博　　版式设计　杨　树
责任绘图　于　博　　责任校对　马鑫蕊　　责任印制　沈心怡

出版发行	高等教育出版社	网　　址	http://www.hep.edu.cn
社　　址	北京市西城区德外大街4号		http://www.hep.com.cn
邮政编码	100120	网上订购	http://www.hepmall.com.cn
印　　刷	涿州市星河印刷有限公司		http://www.hepmall.com
开　　本	787 mm×1092 mm　1/16		http://www.hepmall.cn
印　　张	6		
字　　数	67千字	版　　次	2024年9月第1版
购书热线	010-58581118	印　　次	2024年9月第1次印刷
咨询电话	400-810-0598	定　　价	19.80元

物 料 号　62800-00

前言

本习题集与范海波、梁沧波主编的高等职业教育土建类教材《建筑识图与构造》配套使用。

本习题集力求反映高等职业教育的教学特点，以学生为中心，以土建类相关岗位需求为导向，重点培养学生的建筑识图与了解房屋构造的技能，并结合最新的“1+X”建筑工程识图职业技能等级考核要求，有效实现“学历教育”与“岗位资格认证”的双证融通。本习题集采用活页式，形式新颖，做到一课一练、一练一评。每个任务的练习题与教材中该任务所讲述内容对应。

参与本习题集编写的有：梁沧波、范海波、郭宇、蒋宇楠、杨天伦、吴丽娜、英鹏程、张皓。

由于水平所限，书中疏漏之处在所难免，敬请广大读者批评指正，我们将不胜感激！

编　者

2024 年 6 月

目 录

习题与思考

作　业　单

<table>
<tr><td>项目一</td><td colspan="6">绘制简单图样</td></tr>
<tr><td>任务 1.1</td><td colspan="6">绘制图框</td></tr>
<tr><td>作业方式</td><td colspan="6">资料查询、线上教学视频</td></tr>
<tr><td>单选题</td><td colspan="6">1. A4 图纸的幅面尺寸是（　　）。
A. 841 mm×1189 mm　B. 594 mm×841 mm　C. 420 mm×594 mm　D. 210 mm×297 mm
2. 画水平线应（　　）。
A. 从左到右　B. 从右到左　C. 从上到下　D. 从下到上
3. 制图时常用的粗实线线宽为（　　）。
A. b　B. 0.7 b　C. 0.5 b　D. 0.25 b
4. 丁字尺主要用于画（　　）。
A. 垂直线　B. 细实线　C. 水平线　D. 斜线
5. 2 号图板尺寸是（　　）。
A. 920×1220　B. 460×610　C. 420×594　D. 305×460
6. A3 图纸的图框线的线宽是（　　）。
A. 1b　B. 0.7b　C. 0.5b　D. 0.25b</td></tr>
<tr><td>多选题</td><td colspan="6">1. 以下哪些是制图国家标准规定的图纸的基本幅面？（　　）
A. A0　B. A2　C. A4　D. A3
2. 以下属于硬铅笔的是（　　）。
A. H　B. B　C. 2H　D. 2B</td></tr>
<tr><td>简答题</td><td colspan="6">丁字尺由哪几部分组成？有什么用途？</td></tr>
<tr><td>绘图题</td><td colspan="6">绘制教材图 1-1-5（a）所示 A3 横式幅面图纸的图框线。</td></tr>
<tr><td rowspan="4">作业评价</td><td>班级</td><td></td><td>学号</td><td></td><td>姓名</td><td></td></tr>
<tr><td>同学互评</td><td></td><td colspan="2">同学签字</td><td colspan="2"></td></tr>
<tr><td>教师评分</td><td></td><td colspan="2">日期</td><td colspan="2"></td></tr>
<tr><td colspan="6">评语：</td></tr>
</table>

习题与思考

作 业 单

项目一	绘制简单图样
任务 1.2	绘制标题栏
作业方式	资料查询、线上教学视频
单选题	1. 工程图纸上的汉字一般常采用（　　）字体。 A. 长仿宋　B. 仿宋　C. 楷书　D. 隶书 2. 如果图框线的线宽是 b，那么 A3 图纸标题栏的外框线和对中标志的线宽是（　　）。 A. b　B. 0.7 b　C. 0.5 b　D. 0.25 b 3. 字母及数字的字高不应小于（　　）。 A. 2.5 mm　B. 3.5 mm　C. 5 mm　D. 7 mm 4. 斜体字斜度应是从字的底线逆时针向上倾斜（　　）。 A. 55°　B. 65°　C. 75°　D. 85° 5. 比例宜注写在图名的（　　），字的基准线应齐平，比例的字高宜比图名的字高小一号或二号。 A. 左侧　B. 右侧　C. 上方　D. 下方
多选题	1. 标题栏主要以表格形式表达这张图纸的一些属性，包括（　　）。 A. 图样名称　B. 设计单位　C. 设计、审核人签名　D. 图样类别 2. 建筑施工图中的文字有（　　）。 A. 汉字　B. 拉丁字母　C. 阿拉伯数字　D. 符号 3. 缩小比例是（　　）。 A. 1:1　B. 1:5　C. 5:1　D. 1:10
简答题	什么是比例？
绘图题	在 A3 横式幅面图纸上绘制教材图 1-2-8 所示标题栏。

<table>
<tr><td rowspan="4">作业评价</td><td>班级</td><td></td><td>学号</td><td></td><td>姓名</td><td></td></tr>
<tr><td>同学互评</td><td></td><td colspan="2">同学签字</td><td colspan="2"></td></tr>
<tr><td>教师评分</td><td></td><td colspan="2">日期</td><td colspan="2"></td></tr>
<tr><td colspan="6">评语：</td></tr>
</table>

习题与思考

作　业　单

<table>
<tr><td>项目一</td><td colspan="6">绘制简单图样</td></tr>
<tr><td>任务 1.3</td><td colspan="6">绘制门窗花格</td></tr>
<tr><td>作业方式</td><td colspan="6">资料查询、线上教学视频</td></tr>
<tr><td>单选题</td><td colspan="6">1. 粗实线一般用于绘制（　　）。
A. 主要可见轮廓线　B. 可见轮廓线　C. 不可见轮廓线　D. 图例填充线
2. 尺寸起止符号一般应用（　　）线绘制。
A. 细斜　B. 中斜　C. 中粗斜　D. 粗斜
3. 角度尺寸数字应一律（　　）书写。
A. 向左　B. 水平　C. 向右　D. 垂直
4. 图样轮廓线以外的尺寸线，距图样最外轮廓线的距离不宜小于 10 mm，平行排列的尺寸线间距宜为（　　）。
A. 4~5 mm　B. 5~6 mm　C. 6~8 mm　D. 7~10 mm
5. 在较小的图形上绘制点画线有困难时，可用（　　）线代替。
A. 细实　B. 中实　C. 中粗实　D. 粗实</td></tr>
<tr><td>多选题</td><td colspan="6">1. 标注半径、直径和角度尺寸时，尺寸起止符号一般用箭头表示，且应在半径、直径的尺寸数字前分别加注符号（　　）。
A. R　B. ϕ　C. S　D. T
2. 制图国家标准中规定，以“m”为单位的有（　　）。
A. 平面图　B. 总平面图　C. 标高　D. 立面图
3. 细单点长画线可以用来绘制（　　）。
A. 中心线　B. 对称线　C. 定位轴线　D. 尺寸线</td></tr>
<tr><td>简答题</td><td colspan="6">尺寸标注的要求是什么？</td></tr>
<tr><td>绘图题</td><td colspan="6">按制图国家标准绘制教材图 1-3-1 所示门窗花格的图样，并标注尺寸。</td></tr>
<tr><td rowspan="4">作业评价</td><td>班级</td><td></td><td>学号</td><td></td><td>姓名</td><td></td></tr>
<tr><td>同学互评</td><td></td><td colspan="2">同学签字</td><td colspan="2"></td></tr>
<tr><td>教师评分</td><td></td><td colspan="2">日期</td><td colspan="2"></td></tr>
<tr><td colspan="6">评语：</td></tr>
</table>

习题与思考

作　业　单

<table>
<tr><td>项目一</td><td colspan="6">绘制简单图样</td></tr>
<tr><td>任务 1.4</td><td colspan="6">绘制栏杆构件</td></tr>
<tr><td>作业方式</td><td colspan="6">资料查询、线上教学视频</td></tr>
<tr><td>单选题</td><td colspan="6">1. 标注栏杆构件 1100 mm 尺寸时，尺寸起止符号一般为（　　）。
A. 中粗斜短线　B. 粗斜短线　C. 箭头　D. 圆点
2. 标注栏杆构件 1100 mm 尺寸时，尺寸数字应该标注在（　　）。
A. 上方中部　B. 下方中部　C. 左方中部　D. 右方中部
3. 标注栏杆构件 $R31.5$ 尺寸时，尺寸起止符号一般为（　　）。
A. 中粗斜短线　B. 粗斜短线　C. 箭头　D. 圆点
4. 线宽组 b 为 1，绘制栏杆构件两侧折断线时，线宽应为（　　）。
A. 0.25 mm　B. 0.5 mm　C. 0.7 mm　D. 1 mm
5. 绘制箭头时，两个边界所形成的角度大于或等于（　　）。
A. 10°　B. 15°　C. 20°　D. 25°</td></tr>
<tr><td>多选题</td><td colspan="6">1. 绘制栏杆构件使用的线型有（　　）。
A. 粗实线　B. 细实线　C. 折断线　D. 细单点长画线
2. 绘制栏杆构件使用的工具有（　　）。
A. 丁字尺　B. 圆规　C. 三角尺　D. 铅笔
3. 标注栏杆构件 1100 mm 尺寸时，尺寸线与轮廓线的距离错误的是（　　）。
A. 6 mm　B. 7 mm　C. 8 mm　D. 10 mm
4. 绘制栏杆构件底图时，使用铅笔错误的是（　　）。
A. H　B. B　C. 2H　D. 2B</td></tr>
<tr><td>绘图题</td><td colspan="6">按制图国家标准绘制教材图 1-4-1 所示栏杆构件的图样，并标注尺寸。</td></tr>
<tr><td rowspan="4">作业评价</td><td>班级</td><td></td><td>学号</td><td></td><td>姓名</td><td></td></tr>
<tr><td>同学互评</td><td></td><td colspan="2">同学签字</td><td colspan="2"></td></tr>
<tr><td>教师评分</td><td></td><td colspan="2">日期</td><td colspan="2"></td></tr>
<tr><td colspan="6">评语：</td></tr>
</table>

习题与思考

作　业　单

<table>
<tr><td>项目一</td><td colspan="6">绘制简单图样</td></tr>
<tr><td>任务 1.5</td><td colspan="6">绘图技巧</td></tr>
<tr><td>作业方式</td><td colspan="6">资料查询、线上教学视频</td></tr>
<tr><td>单选题</td><td colspan="6">1. 绘图前要将图纸固定在图板的（　　）。
A. 正中　　B. 左上方　　C. 左下方　　D. 右下方
2. 绘图前将图纸固定在图板上，使图纸的左方和下方留有（　　）的宽度。
A. 一个丁字尺　　B. 二个丁字尺　　C. 半个丁字尺　　D. 任意
3. 绘制底图应使用（　　）铅笔。
A. HB　　B. B　　C. 2H　　D. 2B
4. 加深图样的水平线应（　　）。
A. 从上到下　　B. 从下到上　　C. 从左到右　　D. 从右到左
5. 书写文字说明应使用（　　）铅笔
A. HB　　B. B　　C. 2H　　D. 2B
6. 底图的图线应轻而淡，能定出图形的（　　）即可。
A. 大小　　B. 形状　　C. 形状和大小　　D. 数量</td></tr>
<tr><td>多选题</td><td colspan="6">1. 绘图前的准备工作有（　　）。
A. 擦拭干净工具　　B. 擦拭干净仪器　　C. 固定图纸　　D. 以上都需准备
2. 画底图第一步要根据制图国家标准规定画好（　　）的外轮廓。
A. 标题栏　　B. 图框线　　C. 图样　　D. 会签栏
3. 加深图样使用的铅笔有（　　）。
A. H　　B. B　　C. 2H　　D. 2B
4. 图样加深完后，应保证（　　）。
A. 图面干净　　B. 线型分明　　C. 图线匀称　　D. 布图合理</td></tr>
<tr><td rowspan="4">作业评价</td><td>班级</td><td></td><td>学号</td><td></td><td>姓名</td><td></td></tr>
<tr><td>同学互评</td><td></td><td colspan="2">同学签字</td><td colspan="2"></td></tr>
<tr><td>教师评分</td><td></td><td colspan="2">日期</td><td colspan="2"></td></tr>
<tr><td colspan="6">评语：</td></tr>
</table>

作　业　单

<table>
<tr><td>项目二</td><td colspan="6">绘制三面投影图</td></tr>
<tr><td>任务 2.1</td><td colspan="6">绘制点的投影</td></tr>
<tr><td>作业方式</td><td colspan="6">资料查询、线上教学视频</td></tr>
<tr><td>单选题</td><td colspan="6">1. 工程上应用的视图采用的投影方法为（　　）。
A. 平行投影　B. 斜投影　C. 正投影　D. 中心投影
2. 已知点 M 在点 N 的正前方，则 M 和 N 两点的（　　）坐标值不相等。
A. X 方向　B. Y 方向　C. Z 方向　D. 所有方向
3. 点的两面投影连线与相应投影轴的关系是（　　）。
A. 垂直　B. 平行　C. 相交　D. 异面
4. 三视图的投影规律为长对正、高平齐、（　　）。
A. 宽对正　B. 高对正　C. 宽相等　D. 高平齐
5. 以下是用中心投影法形成的图形是（　　）。
A. 轴测图　B. 镜像投影图　C. 平面图　D. 透视图
6. 已知点 B 坐标为（3，5，7），其中“3”表示点 B 到（　　）面的距离。
A. H　B. V　C. W　D. 原点</td></tr>
<tr><td>多选题</td><td colspan="6">1. 平行投影法包括（　　）。
A. 中心投影法　B. 正投影　C. 斜投影　D. 以上都是
2. 空间点 A，在 3 个投影面上的点的投影分别是（　　）。
A. A　B. a　C. a''　D. a'
3. 组成三投影面体系的 3 个投影面分别是（　　）。
A. 正立投影面　B. 水平投影面　C. 侧立投影面　D. 以上都是</td></tr>
<tr><td>简答题</td><td colspan="6">什么是正投影？有哪些优缺点？</td></tr>
<tr><td rowspan="4">作业评价</td><td>班级</td><td></td><td>学号</td><td></td><td>姓名</td><td></td></tr>
<tr><td>同学互评</td><td></td><td colspan="2">同学签字</td><td colspan="2"></td></tr>
<tr><td>教师评分</td><td></td><td colspan="2">日期</td><td colspan="2"></td></tr>
<tr><td colspan="6">评语：</td></tr>
</table>

习题与思考

作　业　单

<table>
<tr><td>项目二</td><td colspan="6">绘制三面投影图</td></tr>
<tr><td>任务 2.2</td><td colspan="6">绘制梁的投影</td></tr>
<tr><td>作业方式</td><td colspan="6">资料查询、线上教学视频</td></tr>
<tr><td>单选题</td><td colspan="6">1. 平行于一个投影面，倾斜于另两个投影面的直线，称为（　　）。
A. 一般位置直线　B. 投影面平行线　C. 投影面垂直线　D. 特殊位置直线
2. 与 W 面平行，与 V、H 面倾斜的直线，称为（　　）。
A. 一般位置直线　B. 水平线　C. 正平线　D. 侧平线
3. 垂直于一个投影面，平行于另两个投影面的直线，称为（　　）。
A. 一般位置直线　B. 投影面平行线　C. 投影面垂直线　D. 特殊位置直线
4. 投影面垂直线在它所垂直的投影面上的投影具有（　　）。
A. 显实性　B. 类似性　C. 积聚性　D. 同属性
5. 与 3 个投影面都倾斜的直线，称为（　　）。
A. 一般位置直线　B. 投影面平行线　C. 投影面垂直线　D. 特殊位置直线
6. 一般位置直线在投影面上的投影具有（　　）。
A. 显实性　B. 类似性　C. 积聚性　D. 同属性</td></tr>
<tr><td>多选题</td><td colspan="6">1. 根据直线与投影的相对位置，可把直线分为（　　）。
A. 一般位置直线　B. 投影面平行线　C. 投影面垂直线　D. 特殊位置直线
2. 投影面垂直线分为（　　）。
A. 一般位置直线　B. 铅垂线　C. 正垂线　D. 侧垂线</td></tr>
<tr><td>简答题</td><td colspan="6">什么是投影面平行线？有哪几种分类？</td></tr>
<tr><td>绘图题</td><td colspan="6">绘制教材图 2-2-24 所示斜梁一个面的三面投影图。</td></tr>
<tr><td rowspan="4">作业评价</td><td>班级</td><td></td><td>学号</td><td></td><td>姓名</td><td></td></tr>
<tr><td>同学互评</td><td></td><td colspan="2">同学签字</td><td colspan="2"></td></tr>
<tr><td>教师评分</td><td></td><td colspan="2">日期</td><td colspan="2"></td></tr>
<tr><td colspan="6">评语：</td></tr>
</table>

习题与思考

作　业　单

<table>
<tr><td>项目二</td><td colspan="6">绘制三面投影图</td></tr>
<tr><td>任务 2.3</td><td colspan="6">绘制楼板的投影</td></tr>
<tr><td>作业方式</td><td colspan="6">资料查询、线上教学视频</td></tr>
<tr><td>单选题</td><td colspan="6">1. 平行于一个投影面，垂直于另两个投影面的平面称为（　　）。
A. 一般位置平面　B. 投影面平行面　C. 投影面垂直面　D. 特殊位置直平面
2. 与 3 个投影面都倾斜的平面称为（　　）。
A. 一般位置平面　B. 投影面平行面　C. 投影面垂直面　D. 特殊位置直平面
3. 水平面在（　　）面上投影反映实形。
A. H　B. V　C. W　D. 任意
4. 平行于 H 面，垂直与 V、W 面的平面称为（　　）。
A. 水平面　B. 正平面　C. 侧平面　D. 一般平面
5. 侧平面在 H 面和 V 面上的投影积聚为一条直线，且分别（　　）于 OZ 轴和 OY_H 轴。
A. 垂直　B. 平行　C. 相交　D. 异面
6. 一般位置平面在 3 个投影面上的投影都具有（　　）。
A. 显实性　B. 类似性　C. 积聚性　D. 同属性</td></tr>
<tr><td>多选题</td><td colspan="6">1. 一般位置平面的投影规律是，一般位置平面的三面投影（　　）。
A. 不反映实形　B. 无积聚性
C. 均为小于实形的类似形　D. 在 H 面上反映实形
2. 正平面在（　　）投影面上的投影具有积聚性，积聚为一条直线。
A. H　B. V　C. W　D. 任意</td></tr>
<tr><td>简答题</td><td colspan="6">什么是投影面平行面？有哪几种分类？</td></tr>
<tr><td>绘图题</td><td colspan="6">绘制教材图 2-3-10 所示楼板的三面投影图。</td></tr>
<tr><td rowspan="4">作业评价</td><td>班级</td><td></td><td>学号</td><td></td><td>姓名</td><td></td></tr>
<tr><td>同学互评</td><td></td><td>同学签字</td><td colspan="3"></td></tr>
<tr><td>教师评分</td><td></td><td>日期</td><td colspan="3"></td></tr>
<tr><td colspan="6">评语：</td></tr>
</table>

习题与思考

作　业　单

<table>
<tr><td>项目二</td><td colspan="6">绘制三面投影图</td></tr>
<tr><td>任务 2.4</td><td colspan="6">绘制墙的投影</td></tr>
<tr><td>作业方式</td><td colspan="6">资料查询、线上教学视频</td></tr>
<tr><td>单选题</td><td colspan="6">1. 垂直于一个投影面，倾斜于另两个投影面的平面称为（　　）。
A. 一般位置平面　B. 投影面平行面　C. 投影面垂直面　D. 特殊位置平面
2. 投影面垂直面在它所垂直的投影面上的投影具有（　　）。
A. 显实性　B. 类似性　C. 积聚性　D. 同属性
3. 投影面垂直面在它所垂直的投影面上的投影，积聚成一条（　　）于投影轴的直线。
A. 垂直　B. 平行　C. 相交　D. 倾斜
4. 投影面垂直面在它所倾斜的投影面上的投影均为（　　）。
A. 实形　B. 直线
C. 小于实形的类似形　D. 大于实形的类似形
5. 铅垂面在（　　）面上的投影具有积聚性。
A. H　B. V　C. W　D. 任意
6. 垂直于 W 面，倾斜于 V 面、H 面的平面称为（　　）。
A. 铅垂面　B. 正垂面　C. 侧垂面　D. 一般平面</td></tr>
<tr><td>多选题</td><td colspan="6">1. 投影面垂直面分为（　　）。
A. 一般位置平面　B. 铅垂面　C. 正垂面　D. 侧垂面
2. 正垂面在（　　）面上的投影具有类似性。
A. H　B. V　C. W　D. 任意</td></tr>
<tr><td>简答题</td><td colspan="6">投影面垂直面的投影规律是什么？</td></tr>
<tr><td>绘图题</td><td colspan="6">绘制教材图 2-4-8 所示墙体的三面投影图。</td></tr>
<tr><td rowspan="4">作业评价</td><td>班级</td><td></td><td>学号</td><td></td><td>姓名</td><td></td></tr>
<tr><td>同学互评</td><td></td><td colspan="2">同学签字</td><td colspan="2"></td></tr>
<tr><td>教师评分</td><td></td><td colspan="2">日期</td><td colspan="2"></td></tr>
<tr><td colspan="6">评语：</td></tr>
</table>

习题与思考

作　业　单

<table>
<tr><td>项目二</td><td colspan="6">绘制三面投影图</td></tr>
<tr><td>任务 2.5</td><td colspan="6">绘制基础投影图</td></tr>
<tr><td>作业方式</td><td colspan="6">资料查询、线上教学视频</td></tr>
<tr><td>单选题</td><td colspan="6">1. 由基本几何体组合而成的立体称为（　　）。
A. 平面体　B. 立面体　C. 曲面体　D. 组合体
2. 棱锥、棱柱、棱台属于（　　）。
A. 立面体　B. 曲面体　C. 平面体　D. 回转体
3. 形体表面上点和线的可见性判别原则：凡是可见表面上的点和线都是（　　）的。
A. 不可见　B. 可见　C. 不确定　D. 有时可见、有时不可见
4. 基础这个组合体的组合方式是（　　）。
A. 叠加式　B. 切割式　C. 综合式　D. 相切式
5. 绘制基础投影图时，经分析 ABCD 平面是（　　）。
A. 水平面　B. 铅垂面　C. 正垂面　D. 侧垂面</td></tr>
<tr><td>多选题</td><td colspan="6">1. 基本几何体包括（　　）。
A. 平面体　B. 立面体　C. 曲面体　D. 组合体
2. 组合体的基本组合方式有（　　）。
A. 叠加式　B. 切割式　C. 综合式　D. 相切式
3. 以下形体属于平面体的是（　　）。
A. 棱台　B. 圆台　C. 圆柱　D. 棱柱</td></tr>
<tr><td>简答题</td><td colspan="6">什么是平面体？</td></tr>
<tr><td>绘图题</td><td colspan="6">绘制教材图 2-5-19 所示基础的三面投影图。</td></tr>
<tr><td rowspan="4">作业评价</td><td>班级</td><td></td><td>学号</td><td></td><td>姓名</td><td></td></tr>
<tr><td>同学互评</td><td></td><td colspan="2">同学签字</td><td colspan="2"></td></tr>
<tr><td>教师评分</td><td></td><td colspan="2">日期</td><td colspan="2"></td></tr>
<tr><td colspan="6">评语：</td></tr>
</table>

习题与思考

作　业　单

<table>
<tr><td>项目二</td><td colspan="6">绘制三面投影图</td></tr>
<tr><td>任务 2.6</td><td colspan="6">绘制台阶投影图</td></tr>
<tr><td>作业方式</td><td colspan="6">资料查询、线上教学视频</td></tr>
<tr><td>单选题</td><td colspan="6">1. 台阶属于（　　）。
A. 平面体　B. 立面体　C. 曲面体　D. 以上都正确
2. 绘制体的投影图时，不可见的线用（　　）表示。
A. 实线　B. 虚线　C. 单点长画线　D. 折断线
3. 绘制平面体的投影时，在投影图中，位于同一投影面上相邻两个线框，是相邻两个（　　）的投影。
A. 点　B. 线　C. 面　D. 体
4. 绘制台阶 H 面投影图时，把台阶分成 3 部分，第 I 部分分为 A、B、C 3 个矩形平面，其中平面 C 是（　　）。
A. 水平面　B. 铅垂面　C. 正垂面　D. 侧垂面
5. 绘制台阶 W 面投影图时，平面 A 为（　　）。
A. 水平面　B. 铅垂面　C. 正平面　D. 侧平面</td></tr>
<tr><td>多选题</td><td colspan="6">1. 形体表面上的点和线的可见性判别规则：（　　）。
A. 凡是可见表面上的点都是可见的
B. 凡是可见表面上的线都是可见的
C. 凡是可见线上的点都是可见的
D. 凡是不可见线上的点都是不可见的
2. 台阶组合体的组合方式为（　　）。
A. 叠加式　B. 切割式　C. 相交式　D. 相切式
3. 平面体的投影，实质上就是（　　）投影的集合。
A. 点　B. 线　C. 面　D. 体</td></tr>
<tr><td>简答题</td><td colspan="6">平面体的投影特性是什么？</td></tr>
<tr><td>绘图题</td><td colspan="6">绘制教材图 2-6-12 所示台阶的三面投影图。</td></tr>
<tr><td rowspan="4">作业评价</td><td>班级</td><td></td><td>学号</td><td></td><td>姓名</td><td></td></tr>
<tr><td>同学互评</td><td></td><td colspan="2">同学签字</td><td colspan="2"></td></tr>
<tr><td>教师评分</td><td></td><td colspan="2">日期</td><td colspan="2"></td></tr>
<tr><td colspan="6">评语：</td></tr>
</table>

作　业　单

项目二	绘制三面投影图				
任务 2.7	绘制屋顶投影图				
作业方式	资料查询、线上教学视频				
单选题	1. 屋顶这个几何体属于（　　）。 A. 平面体　B. 立面体　C. 曲面体　D. 以上都正确 2. 屋顶组合体中墙体与投影面的关系是（　　）。 A. 平行　B. 垂直　C. 倾斜　D. 交叉 3. 在绘制屋顶组合体的投影图时，观察到墙体呈（　　）形。 A. I　B. L　C. T　D. Z 4. 在绘制屋顶组合体的投影图时，绘制墙体在 H 面的投影使用的线型是（　　）。 A. 实线　B. 虚线　C. 单点长画线　D. 折断线 5. 在绘制屋顶组合体的投影图时，将屋顶平面上标记出平面 A、B、C、D、E、F，其中平面 A 为（　　）。 A. 水平面　B. 铅垂面　C. 正垂面　D. 侧垂面 6. 在绘制屋顶组合体的投影图时，将屋顶平面上标记出平面 A、B、C、D、E、F，其中平面 C 为（　　）。 A. 水平面　B. 铅垂面　C. 正垂面　D. 侧垂面				
多选题	1. 绘制屋顶组合体的投影图时，使用的线型有（　　）。 A. 实线　B. 虚线　C. 单点长画线　D. 折断线 2. 在绘制屋顶组合体的投影图时，将屋顶平面上标记出平面 A、B、C、D、E、F，其中平面 A 在（　　）面上的投影为类似形——三角形。 A. H　B. V　C. W　D. 任意 3. 在绘制屋顶组合体的投影图时，将屋顶平面上标记出平面 A、B、C、D、E、F，其中平面 C 在（　　）面上的投影为类似形——四边形。 A. H　B. V　C. W　D. 任意				
简答题	屋顶组合体的组合方式是什么？				
作业评价	班级		学号		姓名
	同学互评		同学签字		
	教师评分		日期		
	评语：				

习题与思考

作　业　单

<table>
<tr><td>项目二</td><td colspan="6">绘制三面投影图</td></tr>
<tr><td>任务 2.8</td><td colspan="6">绘制烟囱投影图</td></tr>
<tr><td>作业方式</td><td colspan="6">资料查询、线上教学视频</td></tr>
<tr><td>单选题</td><td colspan="6">1. 烟囱属于（　　）。
A. 平面体　B. 立面体　C. 曲面体　D. 以上都正确
2. 在烟囱组合体的组成中，墙体与 H 面的关系是（　　）。
A. 平行　B. 垂直　C. 倾斜　D. 交叉
3. 组合体相邻两表面的连接关系为共面时，相邻表面衔接处（　　）。
A. 有线　B. 无线　C. 不确定　D. 可有线也可无线
4. 绘制烟囱组合体时，组合体标记的平面 E 和 F 的表面连接关系为（　　）。
A. 共面　B. 相交　C. 相切　D. 交叉
5. 绘制烟囱部分的投影时，平面 J 为（　　）。
A. 水平面　B. 正平面　C. 侧平面　D. 正垂面
6. 绘制烟囱部分的投影时，平面 J 在（　　）面的投影反映实形。
A. H　B. V　C. W　D. 任意</td></tr>
<tr><td>多选题</td><td colspan="6">1. 绘制烟囱的投影图时，使用的线型有（　　）。
A. 实线　B. 虚线　C. 单点长画线　D. 折断线
2. 组合体相邻两表面的连接关系有（　　）。
A. 共面　B. 相交　C. 相切　D. 交叉
3. 绘制烟囱组合体时，组合体标记的共面的平面是（　　）。
A. A　B. C　C. E　D. H</td></tr>
<tr><td>绘图题</td><td colspan="6">绘制教材图 2-8-10（b）所示烟囱组合体的三面投影图。</td></tr>
<tr><td rowspan="4">作业评价</td><td>班级</td><td></td><td>学号</td><td></td><td>姓名</td><td></td></tr>
<tr><td>同学互评</td><td></td><td colspan="2">同学签字</td><td colspan="2"></td></tr>
<tr><td>教师评分</td><td></td><td colspan="2">日期</td><td colspan="2"></td></tr>
<tr><td colspan="6">评语：</td></tr>
</table>

习题与思考

作　业　单

<table>
<tr><td>项目二</td><td colspan="6">绘制三面投影图</td></tr>
<tr><td>任务 2.9</td><td colspan="6">绘制穹顶投影图</td></tr>
<tr><td>作业方式</td><td colspan="6">资料查询、线上教学视频</td></tr>
<tr><td>单选题</td><td colspan="6">1. 穹顶属于（　　）。
A. 平面体　B. 立面体　C. 曲面体　D. 以上都正确
2. 以下形体属于曲面体的是（　　）。
A. 棱台　B. 圆台　C. 棱锥　D. 棱柱
3. 当旋转轴垂直于 H 面时，圆锥体的 V、W 面的投影均为（　　）。
A. 圆　B. 三角形　C. 等腰三角形　D. 梯形
4. 当旋转轴垂直于 H 面时，圆锥体的 H 面的投影（　　）。
A. 圆　B. 三角形　C. 等腰三角形　D. 梯形
5. 球体的 3 个投影都是（　　）。
A. 圆　B. 三角形　C. 等腰三角形　D. 梯形
6. 当旋转轴垂直于 H 面时，圆台在 H 面的投影是（　　）。
A. 圆　B. 两个直径不等的同心圆
C. 等腰三角形　D. 等腰梯形</td></tr>
<tr><td>多选题</td><td colspan="6">1. 圆柱体的视图特征是（　　）。
A. 反应底部实形的特征为圆　B. 另两个视图均为矩形
C. 另两个视图均为三角形　D. 另两个视图均为圆形
2. 圆台的视图特征是（　　）。
A. 与轴线垂直的投影面上的视图为两个同心圆
B. 另两个视图均为矩形
C. 另两个视图均为三角形
D. 另两个视图均为等腰梯形
3. 常见的曲面体有（　　）。
A. 圆柱体　B. 圆台体　C. 圆锥体　D. 球体</td></tr>
<tr><td>简答题</td><td colspan="6">什么是曲面体？</td></tr>
<tr><td rowspan="4">作业评价</td><td>班级</td><td></td><td>学号</td><td></td><td>姓名</td><td></td></tr>
<tr><td>同学互评</td><td></td><td colspan="2">同学签字</td><td colspan="2"></td></tr>
<tr><td>教师评分</td><td></td><td colspan="2">日期</td><td colspan="2"></td></tr>
<tr><td colspan="6">评语：</td></tr>
</table>

习题与思考

作　业　单

<table>
<tr><td>项目二</td><td colspan="6">绘制三面投影图</td></tr>
<tr><td>任务 2.10</td><td colspan="6">绘制门卫室平面图</td></tr>
<tr><td>作业方式</td><td colspan="6">资料查询、线上教学视频</td></tr>
<tr><td>单选题</td><td colspan="6">1. 绘制门卫室平面图的过程中，首先绘制的是（　　）。
A. 轴线　B. 门窗　C. 墙体　D. 建筑尺寸
2. 门卫室平面图形成的投影面位置在（　　）。
A. 门卫室地面　B. 门卫室窗台以上 30 cm
C. 门卫室台阶　D. 门卫室屋顶
3. 绘制墙体时应选用（　　）线型。
A. 实线　B. 单点画线　C. 虚线　D. 双点画线
4. 绘制门卫室平面图的过程中，绘制定位轴线所用的线型应是（　　）。
A. 细实线　B. 细单点长画线　C. 中实线　D. 双点长画线
5. 绘制门卫室平面图的过程中，尺寸标注所用的线型应是（　　）。
A. 实线　B. 单点长画线　C. 波浪线　D. 双点长画线</td></tr>
<tr><td>多选题</td><td colspan="6">1. 纵向定位轴线用（　　），从下向上进行编号；横向定位轴线用（　　），从左向右进行编号。
A. 阿拉伯数字　B. 大写的拉丁字母（除 O、I、Z）
2. 在建筑户型图中能够看到哪些内容？（　　）
A. 房间　B. 门窗　C. 工程做法　D. 面积
3. 门卫室平面图中包含（　　）。
A. 墙体　B. 门窗位置　C. 面积　D. 建筑尺寸</td></tr>
<tr><td>简答题</td><td colspan="6">建筑平面图是如何形成的？</td></tr>
<tr><td>绘图题</td><td colspan="6">绘制门卫室平面图，比例为 1∶50，图幅为 A3 图纸。</td></tr>
<tr><td rowspan="4">作业评价</td><td>班级</td><td></td><td>学号</td><td></td><td>姓名</td><td></td></tr>
<tr><td>同学互评</td><td></td><td colspan="2">同学签字</td><td colspan="2"></td></tr>
<tr><td>教师评分</td><td></td><td colspan="2">日期</td><td colspan="2"></td></tr>
<tr><td colspan="6">评语：</td></tr>
</table>

习题与思考

作 业 单

<table>
<tr><td>项目二</td><td colspan="6">绘制三面投影图</td></tr>
<tr><td>任务 2.11</td><td colspan="6">绘制楼梯平面图（底层、标准层、顶层）</td></tr>
<tr><td>作业方式</td><td colspan="6">资料查询、线上教学视频</td></tr>
<tr><td>单选题</td><td colspan="6">1. 底层楼梯平面图形成的投影面位置在（　　）。
A. 底层室内地面　B. 底层窗台以上 30 cm　C. 底层台阶　D. 底层楼梯
2. 绘制楼梯平面图（底层）栏杆时，应选用（　　）线型。
A. 实线　B. 单点画线　C. 虚线　D. 双点画线
3. 标准层平面图是指（　　）。
A. 首层　B. 顶层
C. 平面相同的中间层　D. 二层以上
4. 在楼梯的平面图中，如果标明 8×300=2400，说明该梯段有 8 级台阶（　　）
A. 正确　B. 错误
5. 顶层楼梯平面图中（　　）。
A. 只有一个向上的箭头　B. 有上和下的箭头
C. 只有往下的箭头
6. 半段向上的梯段、半段从休息平台向下的梯段、一个完整的休息平台以及一段完整的向下的梯段，刚好组成一个完整楼梯的图形，但两个半段的梯段中间有一处剖断线。这是（　　）楼梯平面图。
A. 底层　B. 标准层　C. 顶层</td></tr>
<tr><td>多选题</td><td colspan="6">1. 绘制楼梯平面图包含的线型有（　　）。
A. 实线　B. 折断线　C. 波浪线　D. 虚线
2. 楼梯由（　　）组成。
A. 梯段　B. 平台　C. 栏杆和扶手　D. 台阶
3.（　　）中应有折断线。
A. 底层楼梯平面图　B. 标准层楼梯平面图　C. 顶层楼梯平面图</td></tr>
<tr><td>绘图题</td><td colspan="6">绘制底层楼梯平面图、标准层楼梯平面图和顶层楼梯平面图，比例为 1:50，图幅为 A3 图纸。</td></tr>
<tr><td rowspan="4">作业评价</td><td>班级</td><td></td><td>学号</td><td></td><td>姓名</td><td></td></tr>
<tr><td>同学互评</td><td></td><td colspan="2">同学签字</td><td colspan="2"></td></tr>
<tr><td>教师评分</td><td></td><td colspan="2">日期</td><td colspan="2"></td></tr>
<tr><td colspan="6">评语：</td></tr>
</table>

习题与思考

作　业　单

<table>
<tr><td>项目二</td><td colspan="6">绘制三面投影图</td></tr>
<tr><td>任务 2.12</td><td colspan="6">绘制门卫室屋顶平面图</td></tr>
<tr><td>作业方式</td><td colspan="6">资料查询、线上教学视频</td></tr>
<tr><td>单选题</td><td colspan="6">1. 工程上应用的视图采用的投影方法为（　　）。
A. 平行投影　B. 斜投影　C. 正投影　D. 中心投影
2. 以下用中心投影法形成的图形是（　　）。
A. 轴测图　B. 镜像投影图　C. 平面图　D. 透视图
3. 屋顶坡度 30%的含义代表如果水平距离是 100 m，那么高程差是（　　）m。
A. 0.3　B. 3　C. 30　D. 300
4. 书写图名和比例，（　　）下面有横线。
A. 图名　B. 比例
5. 标注平行尺寸时，小尺寸在（　　），大尺寸在（　　）。
A. 外、内　B. 内、外</td></tr>
<tr><td>多选题</td><td colspan="6">1. 屋顶的类型除了平屋顶，还分为（　　）。
A. 单面屋顶　B. 双面屋顶　C. 坡屋顶　D. 曲面屋顶
2. 一般位置平面的特点是（　　）。
A. 平行于 V 面　B. 倾斜于 V 面　C. 倾斜于 W 面　D. 倾斜于 H 面</td></tr>
<tr><td>简答题</td><td colspan="6">1. 屋顶的作用有哪些？
2. 屋顶平面图中定位轴线之间的尺寸、墙体的尺寸这类数值从何而来？</td></tr>
<tr><td>绘图题</td><td colspan="6">绘制门卫室屋顶平面图，比例为 1∶50，图幅为 A3 图纸。</td></tr>
<tr><td rowspan="4">作业评价</td><td>班级</td><td></td><td>学号</td><td></td><td>姓名</td><td></td></tr>
<tr><td>同学互评</td><td></td><td colspan="2">同学签字</td><td colspan="2"></td></tr>
<tr><td>教师评分</td><td></td><td colspan="2">日期</td><td colspan="2"></td></tr>
<tr><td colspan="6">评语：</td></tr>
</table>

习题与思考

作 业 单

<table>
<tr><td>项目二</td><td colspan="6">绘制三面投影图</td></tr>
<tr><td>任务 2.13</td><td colspan="6">绘制门卫室立面图</td></tr>
<tr><td>作业方式</td><td colspan="6">资料查询、线上教学视频</td></tr>
<tr><td>单选题</td><td colspan="6">1. 侧垂面在（　　）面上的投影积聚为直线。
A. H　　B. V　　C. W　　D. 任意
2. 平面图中的外部尺寸一般标注（　　）道
A. 1　　B. 3　　C. 2　　D. 任意
3. 尺寸标注的数字，跟比例是否有关系？（　　）
A. 有关系　　B. 没有关系
4. 书写图名与比例的字号是否一样？（　　）
A. 一样　　B. 不一样
5. 按照平行投影法绘制出来的哪种投影图，具有一定的立体感和直观性，常作为工程上的辅助性图？（　　）
A. 轴测投影图　　B. 正投影图</td></tr>
<tr><td>多选题</td><td colspan="6">1. 平行投影法包括（　　）。
A. 中心投影法　　B. 正投影　　C. 斜投影　　D. 以上都不是
2. 组成三投影面体系的 3 个投影面分别是（　　）
A. 正立投影面　　B. 水平投影面　　C. 侧立投影面　　D. 以上都是</td></tr>
<tr><td>简答题</td><td colspan="6">1. 总平面图中常用的比例有哪些？平、立、剖面图中常用的比例有哪些？详图中常用的比例有哪些？
2. 如果图纸中的实线有 3 种线宽，如果粗实线的线宽 b 选用 1 mm，则中粗实线的线宽为多少？细实线的线宽为多少？</td></tr>
<tr><td>绘图题</td><td colspan="6">绘制门卫室立面图，比例为 1:50，图纸幅面为 A3 图纸。</td></tr>
<tr><td rowspan="4">作业评价</td><td>班级</td><td></td><td>学号</td><td></td><td>姓名</td><td></td></tr>
<tr><td>同学互评</td><td></td><td colspan="2">同学签字</td><td colspan="2"></td></tr>
<tr><td>教师评分</td><td></td><td colspan="2">日期</td><td colspan="2"></td></tr>
<tr><td colspan="6">评语：</td></tr>
</table>

习题与思考

作　业　单

<table>
<tr><td>项目三</td><td colspan="6">绘制建筑图样剖面图</td></tr>
<tr><td>任务 3.1</td><td colspan="6">绘制基础剖面图</td></tr>
<tr><td>作业方式</td><td colspan="6">资料查询、线上教学视频</td></tr>
<tr><td>单选题</td><td colspan="6">1. 若用一个平行于某一投影面的平面切割某一立体，移去立体的一部分，对剩余部分所作的投影称为（　　）。
A. 移出断面图　B. 剖面图　C. 全剖图　D. 断面图
2. 剖面图是假想用一个剖切平面将形体剖切，移去介于观察者和剖切面之间的部分，对剩余部分向投影面所作的（　　）。
A. 平行投影图　B. 斜投影图　C. 正投影图　D. 中心投影图
3. 在建筑图纸中，半剖面图主要用于展示（　　）。
A. 建筑物的整体外观　B. 建筑物的内部结构和构造
C. 建筑物的细节装饰　D. 建筑物的尺寸和比例
4. 在阅读半剖面图时，（　　）元素通常不会被标注。
A. 墙体厚度　B. 楼层高度　C. 家具摆放位置　D. 门窗位置
5. 全剖面图主要用于展示（　　）。
A. 建筑物的外观和周围环境　B. 建筑物的内部空间布局
C. 建筑物的某一特定部分的细节　D. 建筑物的整体结构和材料
6. 在全剖面图中，（　　）元素通常会被详细标注。
A. 建筑物的外墙装饰　B. 家具的具体样式
C. 内部构件的尺寸和材料　D. 周围环境的景观细节</td></tr>
<tr><td>多选题</td><td colspan="6">1. 半剖面图的位置一般应画在对称线的（　　）。
A. 上侧　B. 下侧　C. 左侧　D. 右侧
2. 当用一个剖切面不能将形体上需要表达的内部结构都剖切到时，可用（　　）相互平行的剖切面剖开形体，所得到的剖面称为阶梯剖面图。
A. 一个　B. 两个　C. 两个以上</td></tr>
<tr><td>简答题</td><td colspan="6">建筑剖面图有哪几种分类？分别是什么？</td></tr>
<tr><td>绘图题</td><td colspan="6">按照正确步骤绘制教材图 3-1-2 所示基础半剖面图。</td></tr>
<tr><td rowspan="4">作业评价</td><td>班级</td><td></td><td>学号</td><td></td><td>姓名</td><td></td></tr>
<tr><td>同学互评</td><td></td><td>同学签字</td><td colspan="3"></td></tr>
<tr><td>教师评分</td><td></td><td>日期</td><td colspan="3"></td></tr>
<tr><td colspan="6">评语：</td></tr>
</table>

作 业 单

习题与思考

作　业　单

<table>
<tr><td>项目三</td><td colspan="6">绘制建筑图样剖面图</td></tr>
<tr><td>任务 3.2</td><td colspan="6">绘制门窗剖面图</td></tr>
<tr><td>作业方式</td><td colspan="6">资料查询、线上教学视频</td></tr>
<tr><td>单选题</td><td colspan="6">1. 剖视方向线用两段粗实线绘制，与剖切位置线垂直，长度为（　　）。
A. 4~6 mm　　B. 6~10 mm　　C. 2~3 mm　　D. 3~5 mm
2. 剖切位置线用两段粗实线表示，长度为（　　）。
A. 4~6 mm　　B. 6~10 mm　　C. 2~3 mm　　D. 3~5 mm
3. 剖面图主要用于展示建筑物的（　　）。
A. 外观设计　　B. 内部结构　　C. 装饰细节　　D. 周围环境
4. 在剖面图中，（　　）通常不会被详细标注。
A. 墙体厚度　　B. 楼层高度　　C. 门窗位置　　D. 家具样式
5. 剖面图中的剖切位置线表示（　　）。
A. 建筑物的外观轮廓　　B. 视线的方向
C. 切割建筑物的假想平面　　D. 建筑物的立面
6. 在绘制剖面图时，以下哪个步骤是正确的（　　）？
A. 首先确定切割位置和方向　　B. 直接绘制建筑物的内部结构
C. 不需要考虑比例和尺寸　　D. 随意选择剖面符号</td></tr>
<tr><td>多选题</td><td colspan="6">1. 剖切符号包括（　　）。
A. 剖切位置线　　B. 剖视方向线　　C. 剖切编号　　D. 粗实线
2. 画半剖面图，分界线使用线型错误的是（　　）
A. 实线　　B. 虚线　　C. 细单点长画线　　D. 细双点长画线</td></tr>
<tr><td>简答题</td><td colspan="6">简述绘制门窗剖面图的步骤。</td></tr>
<tr><td>绘图题</td><td colspan="6">按照正确步骤绘制门窗剖面图。</td></tr>
<tr><td rowspan="4">作业评价</td><td>班级</td><td></td><td>学号</td><td></td><td>姓名</td><td></td></tr>
<tr><td>同学互评</td><td></td><td colspan="2">同学签字</td><td colspan="2"></td></tr>
<tr><td>教师评分</td><td></td><td colspan="2">日期</td><td colspan="2"></td></tr>
<tr><td colspan="6">评语：</td></tr>
</table>

习题与思考

作　业　单

<table>
<tr><td>项目三</td><td colspan="6">绘制建筑图样剖面图</td></tr>
<tr><td>任务 3.3</td><td colspan="6">绘制楼梯展开剖面图</td></tr>
<tr><td>作业方式</td><td colspan="6">资料查询、线上教学视频</td></tr>
<tr><td>单选题</td><td colspan="6">1. 建筑剖面图的剖切符号应标注在（　　）。
A. 建筑总平面图 B. 建筑首层平面图 C. 建筑标准层平面图 D. 建筑顶层平面图
2. 当绘制一个复杂物体的展开剖面图时，主要目的是（　　）。
A. 展示物体的整体外观　B. 揭示物体的内部工作机制和结构
C. 强调物体的特定部分或功能　D. 提供物体的三视图（正面、侧面、顶面）
3. 在工程制图中，展开剖面图主要用于展示物体的（　　）。
A. 三维立体效果　B. 内部构造和细节
C. 外观轮廓　D. 运动轨迹
4. 绘制展开剖面图时，一般需要使用（　　）来表示剖面切割的边界。
A. 虚线　B. 点画线　C. 粗实线　D. 细实线
5. 在展开剖面图中，剖面线的方向和间隔分别代表（　　）。
A. 剖面的方向和材料类型　B. 剖面的方向和剖面深度
C. 视图的方向和材料厚度　D. 视图的方向和剖面间距
6. 当需要表示物体在某个方向上的连续内部结构时，应使用哪种类型的剖面图？（　　）
A. 全剖面图　B. 半剖面图　C. 局部剖面图　D. 展开剖面图</td></tr>
<tr><td>多选题</td><td colspan="6">1. 建筑剖面图图示内容有（　　）。
A. 图名　B. 比例
C. 某些建筑材料注释　D. 竖直方向尺寸和标高
2. 绘制局部剖面图时，波浪线（　　）与识图中的轮廓线重合，也（　　）超出图形轮廓线。
A. 能　B. 不能</td></tr>
<tr><td>简答题</td><td colspan="6">简述展开剖面图的概念。</td></tr>
<tr><td>绘图题</td><td colspan="6">按照正确步骤绘制楼梯展开剖面图。</td></tr>
<tr><td rowspan="4">作业评价</td><td>班级</td><td></td><td>学号</td><td></td><td>姓名</td><td></td></tr>
<tr><td>同学互评</td><td></td><td colspan="2">同学签字</td><td colspan="2"></td></tr>
<tr><td>教师评分</td><td></td><td colspan="2">日期</td><td colspan="2"></td></tr>
<tr><td colspan="6">评语：</td></tr>
</table>

习题与思考

作 业 单

<table>
<tr><td>项目三</td><td colspan="6">绘制建筑图样剖面图</td></tr>
<tr><td>任务 3.4</td><td colspan="6">绘制楼地面剖面图</td></tr>
<tr><td>作业方式</td><td colspan="6">资料查询、线上教学视频</td></tr>
<tr><td>单选题</td><td colspan="6">1. 分层剖面图主要用于展示（　　）。
A. 地形起伏　B. 地下水位　C. 地层或材料的垂直分布　D. 土壤类型
2. 在分层剖面图中，不同的线条类型通常用来表示（　　）。
A. 地层厚度　B. 材料类型　C. 地质年代　D. 地层倾角
3. 分层剖面图中的比例尺用于（　　）。
A. 估算地层年龄　B. 测量地层真实厚度
C. 确定地层颜色　D. 标识地层岩性
4. 在解读分层剖面图时，哪个要素对于了解地层的连续性至关重要？（　　）
A. 颜色　B. 纹理　C. 符号　D. 标注
5. 绘制分层剖面图时，哪个步骤通常最先进行？（　　）
A. 选择比例尺　B. 划分地层　C. 标注特性　D. 绘制图框
6. 下列哪项不是分层剖面图中的基本构成要素？（　　）
A. 图例　B. 比例尺　C. 地层界线　D. 等高线</td></tr>
<tr><td>多选题</td><td colspan="6">1. 分层剖面图在哪些领域具有广泛的应用？（　　）
A. 地质勘探　B. 土木工程　C. 环境科学　D. 气象预报
2. 在绘制分层剖面图时，需要考虑哪些关键因素以确保图件的准确性和可读性？（　　）
A. 选择合适的比例尺　B. 清晰划分和表示不同的地层或材料
C. 使用统一的图例和符号　D. 详细标注地层的岩性和年代</td></tr>
<tr><td>简答题</td><td colspan="6">简述分层剖面图的概念。</td></tr>
<tr><td>绘图题</td><td colspan="6">按照正确步骤绘制楼地面剖面图。</td></tr>
<tr><td rowspan="4">作业评价</td><td>班级</td><td></td><td>学号</td><td></td><td>姓名</td><td></td></tr>
<tr><td>同学互评</td><td></td><td colspan="2">同学签字</td><td colspan="2"></td></tr>
<tr><td>教师评分</td><td></td><td colspan="2">日期</td><td colspan="2"></td></tr>
<tr><td colspan="6">评语：</td></tr>
</table>

习题与思考

作　业　单

<table>
<tr><td>项目三</td><td colspan="6">绘制建筑图样剖面图</td></tr>
<tr><td>任务 3.5</td><td colspan="6">绘制台阶剖面图</td></tr>
<tr><td>作业方式</td><td colspan="6">资料查询、线上教学视频</td></tr>
<tr><td>单选题</td><td colspan="6">1. 假想用剖切平面将形体剖切后，仅画出剖切平面与形体接触的部分的正投影称为（　　）。
A. 剖面图　　B. 断面图　　C. 立面图　　D. 平面图
2. 剖视方向线用两段粗实线绘制，与剖切位置线（　　），长度宜为 4~6 mm。
A. 平行　　B. 相交　　C. 垂直　　D. 异面
3. 剖切位置线用两段粗实线绘制，长度为（　　）mm。
A. 3~5　　B. 2~3　　C. 4~6　　D. 6~10
4. 绘制剖面图时，需要特别注意的是（　　）。
A. 切割面的选择　　B. 物体的大小　　C. 绘图的速度　　D. 颜色的使用
5. 以下哪项不是剖面图的基本构成要素？（　　）
A. 切割线　　B. 剖面线　　C. 尺寸标注　　D. 透视效果
6. 在解读剖面图时，主要关注的是（　　）。
A. 物体的外观　　B. 内部的层次关系
C. 物体的运动状态　　D. 色彩的变化</td></tr>
<tr><td>多选题</td><td colspan="6">1. 剖面图的种类有哪些？（　　）
A. 全剖面图　　B. 半剖面图　　C. 阶梯剖面图　　D. 展开剖面图
2. 常用的剖面图有全剖面图、半剖面图、（　　）及分层剖面图 6 种。
A. 中断剖面图　　B. 阶梯剖面图
C. 展开剖面图　　D. 局部剖面图</td></tr>
<tr><td>简答题</td><td colspan="6">简述如何绘制台阶剖面图。</td></tr>
<tr><td>绘图题</td><td colspan="6">按照正确步骤绘制台阶剖面图。</td></tr>
<tr><td rowspan="4">作业评价</td><td>班级</td><td></td><td>学号</td><td></td><td>姓名</td><td></td></tr>
<tr><td>同学互评</td><td></td><td colspan="2">同学签字</td><td colspan="2"></td></tr>
<tr><td>教师评分</td><td></td><td colspan="2">日期</td><td colspan="2"></td></tr>
<tr><td colspan="6">评语：</td></tr>
</table>

习题与思考

作 业 单

<table>
<tr><td>项目三</td><td colspan="6">绘制建筑图样剖面图</td></tr>
<tr><td>任务 3.6</td><td colspan="6">绘制台阶断面图</td></tr>
<tr><td>作业方式</td><td colspan="6">资料查询、线上教学视频</td></tr>
<tr><td>单选题</td><td colspan="6">1. 断面图主要用于展示（　　）。
A. 物体的整体外观　　B. 物体内部某一方向的切面形态
C. 物体的运动轨迹　　D. 物体的色彩分布
2. 在断面图中，断面通常用哪种线条表示？（　　）
A. 虚线　　B. 波浪线　　C. 粗实线　　D. 细实线
3. 断面图中的尺寸标注主要用于（　　）。
A. 美化图面　　B. 指示断面位置
C. 表示断面形态　　D. 提供切面尺寸的精确信息
4. 绘制断面图时，首先需要确定的是（　　）。
A. 绘图比例　　B. 断面位置　　C. 细节特征　　D. 图例符号
5. 以下哪项不是断面图的基本构成要素？（　　）
A. 断面形态　　B. 尺寸标注　　C. 图例说明　　D. 透视效果
6. 解读断面图时，主要关注的是（　　）。
A. 断面的整体形状　　B. 断面内部的细节特征
C. 断面的色彩变化　　D. 断面的运动轨迹</td></tr>
<tr><td>多选题</td><td colspan="6">1. 断面图的种类有（　　）。
A. 移出断面图　B. 重合断面图　　C. 中断断面图　　D. 局部断面图
2. 断面图是用来表达形体中某断面的（　　）的。
A. 形状　　B. 位置　　C. 结构　　D. 方向</td></tr>
<tr><td>简答题</td><td colspan="6">简述如何绘制台阶断面图。</td></tr>
<tr><td>绘图题</td><td colspan="6">按照正确步骤绘制台阶断面图。</td></tr>
<tr><td rowspan="4">作业评价</td><td>班级</td><td></td><td>学号</td><td></td><td>姓名</td><td></td></tr>
<tr><td>同学互评</td><td></td><td colspan="2">同学签字</td><td colspan="2"></td></tr>
<tr><td>教师评分</td><td></td><td colspan="2">日期</td><td colspan="2"></td></tr>
<tr><td colspan="6">评语：</td></tr>
</table>

习题与思考

作　业　单

<table>
<tr><td>项目四</td><td colspan="6">识读建筑平面图</td></tr>
<tr><td>任务 4.1</td><td colspan="6">识读建筑首页图</td></tr>
<tr><td>作业方式</td><td colspan="6">资料查询、线上教学视频</td></tr>
<tr><td>单选题</td><td colspan="6">1. 将拟建工程附近一定范围内的建筑物、构筑物及周围环境设施，用水平投影方法和相应图例画出的图样，称为（　　）。
A. 建筑总平面图　B. 供暖施工图　C. 建筑立面图　D. 建筑剖面图
2. 公共建筑建筑物总高度在（　　）以下者为非高层建筑。
A. 24 m　B. 36 m　C. 100 m　D. 10 层以下
3. 建筑是建筑物和构筑物的统称，（　　）属于建筑物。
A. 住宅、堤坝　B. 学校、电塔　C. 工厂、展览馆　D. 教学楼、栈桥
4. 民用建筑按其使用性质分为（　　）。
A. 居住建筑及公共建筑　B. 居住建筑
C. 大型建筑　D. 大量民用建筑
5. 建筑高度超过（　　）的建筑，均为超高层建筑。
A. 25 m　B. 50 m　C. 75 m　D. 100 m
6. 建筑高度大于 54 m 的住宅建筑属于（　　）高层民用建筑。
A. 一类　B. 二类　C. 三类　D. 四类</td></tr>
<tr><td>多选题</td><td colspan="6">1. 民用建筑按数量和规模分类，可分为（　　）。
A. 大量性建筑　B. 木结构建筑　C. 大型性建筑　D. 综合性建筑
2. 按照使用性质划分，建筑可分为（　　）。
A. 工业建筑　B. 农业建筑　C. 民用建筑　D. 大量性建筑</td></tr>
<tr><td>简答题</td><td colspan="6">1. 完整的建筑施工图包括哪些内容？
2. 建筑施工首页图包括哪些内容？</td></tr>
<tr><td rowspan="4">作业评价</td><td>班级</td><td></td><td>学号</td><td></td><td>姓名</td><td></td></tr>
<tr><td>同学互评</td><td></td><td colspan="2">同学签字</td><td colspan="2"></td></tr>
<tr><td>教师评分</td><td></td><td colspan="2">日期</td><td colspan="2"></td></tr>
<tr><td colspan="6">评语：</td></tr>
</table>

习题与思考

作 业 单

<table>
<tr><td>项目四</td><td colspan="6">识读建筑平面图</td></tr>
<tr><td>任务 4. 2</td><td colspan="6">识读建筑总平面图</td></tr>
<tr><td>作业方式</td><td colspan="6">资料查询、线上教学视频</td></tr>
<tr><td>单选题</td><td colspan="6">1. 总平面图中用来表示建筑朝向的是（　　）。
A. 坐标　B. 指北针　C. 风向频率玫瑰图　D. 建筑物
2. 总平面图常用的比例是（　　）
A. 1∶1000　B. 1∶50　C. 1∶100　D. 1∶200</td></tr>
<tr><td>多选题</td><td colspan="6">1. 总平面图中的经济技术指标有（　　）。
A. 占地面积　B. 建筑面积　C. 容积率　D. 绿地率
2. 总平面图中，关于场地与景观，在图中需要表示哪些信息？（　　）
A. 建筑周围的停车场　B. 建筑周围运动场
C. 建筑周围花园　D. 建筑周围活动广场</td></tr>
<tr><td>简答题</td><td colspan="6">1. 简述建筑总平面图中包含的内容。
2. 简述建筑总平面图中等高线的作用。
3. 如何对拟建建筑进行定位？
4. 建筑总平面图中建筑层数如何表示？
5. 建筑总平面图风向频率如何表达？</td></tr>
<tr><td>绘图题</td><td colspan="6">绘制教材如图 5-1-2 所示建筑总平面图。</td></tr>
<tr><td rowspan="4">作业评价</td><td>班级</td><td></td><td>学号</td><td></td><td>姓名</td><td></td></tr>
<tr><td>同学互评</td><td></td><td colspan="2">同学签字</td><td colspan="2"></td></tr>
<tr><td>教师评分</td><td></td><td colspan="2">日期</td><td colspan="2"></td></tr>
<tr><td colspan="6">评语：</td></tr>
</table>

作　业　单

<table>
<tr><td>项目四</td><td colspan="6">识读建筑平面图</td></tr>
<tr><td>任务 4.3</td><td colspan="6">识读建筑平面图</td></tr>
<tr><td>作业方式</td><td colspan="6">资料查询、线上教学视频</td></tr>
<tr><td>单选题</td><td colspan="6">1. 建筑平面图常用的比例是（　　）。
A. 1∶1　　B. 2∶1　　C. 1∶200　　D. 1∶1000
2. 在平面图中纵向定位轴线编号可以用哪个拉丁字母表示？（　　）
A. G　　B. Z　　C. I　　D. O</td></tr>
<tr><td>多选题</td><td colspan="6">1. 哪些是建筑的排水构件？（　　）
A. 雨篷　　B. 散水　　C. 明沟　　D. 雨水管
2. 建筑平面图的尺寸标注中需要标注哪些内容？（　　）
A. 建筑物的总长度　　B. 门窗洞口尺寸
C. 窗间墙尺寸　　D. 墙体详细尺寸</td></tr>
<tr><td>简答题</td><td colspan="6">1. 简述定位轴线的作用。
2. 简述索引符号上半圆和下半圆中的数字表示的内容。
3. 简述剖切符号的作用以及出现的情况。
4. 楼梯平面图中主要表示楼梯的哪些信息？
5. 门窗表中 M1221、C1215 分别表达了哪些信息？</td></tr>
<tr><td>绘图题</td><td colspan="6">练习绘制火神山医院病房建筑平面图（部分）。</td></tr>
<tr><td rowspan="4">作业评价</td><td>班级</td><td></td><td>学号</td><td></td><td>姓名</td><td></td></tr>
<tr><td>同学互评</td><td></td><td colspan="2">同学签字</td><td colspan="2"></td></tr>
<tr><td>教师评分</td><td></td><td colspan="2">日期</td><td colspan="2"></td></tr>
<tr><td colspan="6">评语：</td></tr>
</table>

习题与思考

作 业 单

<table>
<tr><td>项目四</td><td colspan="6">识读建筑平面图</td></tr>
<tr><td>任务 4.4</td><td colspan="6">识读屋顶平面图</td></tr>
<tr><td>作业方式</td><td colspan="6">资料查询、线上教学视频</td></tr>
<tr><td>单选题</td><td colspan="6">1. 中国古代建筑中屋顶等级较高的是（ ）。
A. 重檐庑殿顶 B. 歇山顶 C. 硬山顶 D. 单坡顶
2. 坡屋顶的坡度一般在（ ）以上。
A. 10% B. 5% C. 15% D. 25%</td></tr>
<tr><td>多选题</td><td colspan="6">1. 有组织排水可分为（ ）。
A. 内排水 B. 外排水 C. 女儿墙排水 D. 檐沟排水
2. 平屋面排水方式分为（ ）。
A. 内排水 B. 外排水 C. 有组织排水 D. 无组织排水</td></tr>
<tr><td>简答题</td><td colspan="6">1. 屋面排水方式有哪几种？
2. 坡屋顶如何界定？
3. 中国古代建筑的坡屋顶有哪些？
4. 屋顶有哪些作用？
5. 什么是建筑的第五立面？</td></tr>
<tr><td>绘图题</td><td colspan="6">绘制屋顶有组织排水平面图。</td></tr>
<tr><td rowspan="4">作业评价</td><td>班级</td><td></td><td>学号</td><td></td><td>姓名</td><td></td></tr>
<tr><td>同学互评</td><td></td><td colspan="2">同学签字</td><td colspan="2"></td></tr>
<tr><td>教师评分</td><td></td><td colspan="2">日期</td><td colspan="2"></td></tr>
<tr><td colspan="6">评语：</td></tr>
</table>

习题与思考

作　业　单

项目五	识读建筑立面图与剖面图				
任务 5.1	识读建筑立面图				
作业方式	资料查询、线上教学视频				
单选题	1. 与建筑立面平行的投影面上所作的房屋正投影图称为（　　）。 A. 建筑平面图　B. 建筑立面图　C. 建筑立面图　D. 建筑详图 2. 立面图中室内一层地面标高为（　　）。 A. ±0　B. ±0.00　C. ±0.000　D. ±0.0000 3. 建筑立面图是（　　）。 A. 水平剖面图　B. 垂直剖面图　C. 立面正投影图　D. 水平正投影图 4. 物体的三面投影图中哪几个视图的投影相当于物体的立面图？（　　） A. H 面投影图　B. V 面投影图　C. W 面投影图　D. 三个都是 5. 一般立面图的外形轮廓线用（　　）表示。 A. 特粗实线（1.4b）　B. 粗实线（b） C. 中粗实线（0.5b）　D. 细实线 6. 反映主要出入口或比较显著的反映房屋外貌特征的那一面的立面图称为（　　）。 A. 前立面图　B. 背立面图　C. 正立面图　D. 侧立面图					
多选题	1. 物体的三面投影图中哪几个视图的投影相当于物体的立面图。（　　） A. H 面投影图　B. V 面投影图　C. W 面投影图　D. 三个都是 2. 立面图表现（　　）等细部特征。 A. 门窗扇　B. 檐口构造　C. 阳台栏杆　D. 墙面装饰					
简答题	建筑立面图有哪几种命名方式？分别是什么？					
绘图题	按照正确步骤抄绘教材图 5-1-1。					
作业评价	班级		学号		姓名	
	同学互评		同学签字			
	教师评分		日期			
	评语：					

习题与思考

作 业 单

<table>
<tr><td>项目五</td><td colspan="6">识读建筑立面图与剖面图</td></tr>
<tr><td>任务 5.2</td><td colspan="6">识读建筑剖面图</td></tr>
<tr><td>作业方式</td><td colspan="6">资料查询、线上教学视频</td></tr>
<tr><td>单选题</td><td colspan="6">1. 假想用一个或多个垂直于外墙轴线的铅垂剖切面将房屋剖开，所得的投影图称为建筑剖面图，简称（　　）。
A. 平面图　B. 立面图　C. 剖面图　D. 建筑详图
2. 剖面图的图名应与（　　）的剖切符号一致。
A. 建筑总平面图　B. 建筑底层平面图
C. 建筑立面图　D. 建筑详图
3. 在剖面图中的室外地坪线用（　　）表示。
A. 特粗实线(1.4b)　B. 粗实线(b)　C. 中粗实线(0.5b)　D. 细实线(0.35b)
4. 剖到构件的轮廓线用（　　）表示。
A. 特粗实线(1.4b)　B. 粗实线(b)　C. 中粗实线(0.5b)　D. 细实线(0.35b)</td></tr>
<tr><td>多选题</td><td colspan="6">1. 建筑剖面图的图示内容包括（　　）。
A. 墙体定位轴线　B. 剖切到和可见构件
C. 标高和尺寸　D. 详图索引符号
2. 在剖面图中应在（　　）这些位置标注标高。
A. 室外地坪　B. 檐口　C. 女儿墙顶　D. 各层楼地面
3. 在剖面图中的外部尺寸标注，应标注（　　）3 道尺寸。
A. 门窗洞口的高度　B. 层高　C. 建筑总高度　D. 各层楼地面
4. 在剖面图内部尺寸标注中，还应标注出（　　）。
A. 内墙上门窗洞口的高度　B. 内部设施的尺寸
C. 女儿墙高度　D. 建筑外部总高度</td></tr>
<tr><td>简答题</td><td colspan="6">建筑剖面图的用途是什么？</td></tr>
<tr><td>绘图题</td><td colspan="6">按照正确步骤抄绘教材图 5-2-2。</td></tr>
<tr><td rowspan="4">作业评价</td><td>班级</td><td></td><td>学号</td><td></td><td>姓名</td><td></td></tr>
<tr><td>同学互评</td><td></td><td colspan="2">同学签字</td><td colspan="2"></td></tr>
<tr><td>教师评分</td><td></td><td colspan="2">日期</td><td colspan="2"></td></tr>
<tr><td colspan="6">评语：</td></tr>
</table>

习题与思考

作　业　单

<table>
<tr><td>项目六</td><td colspan="6">识读建筑详图</td></tr>
<tr><td>任务 6.1</td><td colspan="6">识读基础详图</td></tr>
<tr><td>作业方式</td><td colspan="6">资料查询、线上教学视频</td></tr>
<tr><td>单选题</td><td colspan="6">1. 不属于建筑构件的是（　　）。
A. 地基　B. 基础　C. 楼梯　D. 柱
2. 承受荷载的土层是（　　）。
A. 持力层　B. 下卧层　C. 一般土层　D. 黏土层
3. 地基软弱土层的厚度在 5 m 以上适合哪类基础？（　　）
A. 条形基础　B. 桩基础　C. 独立基础　D. 筏形基础</td></tr>
<tr><td>多选题</td><td colspan="6">1. 影响建筑埋深的因素有哪些？（　　）
A. 建筑物本身用途　B. 地质条件　C. 水文条件　D. 冻胀和融陷
E. 相邻建筑物
2. 地基分为（　　）和（　　）两类。
A. 天然地基　B. 人工地基　C. 持力层　D. 下卧层
3. 按照基础的形式，基础分为哪几类？（　　）
A. 独立基础　B. 条形基础　C. 筏形基础　D. 箱型基础
E. 桩基础
4. 按照组成基础的材料，基础分为哪几类？（　　）
A. 毛石基础　B. 混凝土基础　C. 钢筋混凝土基础　D. 砖基础</td></tr>
<tr><td>简答题</td><td colspan="6">1. 简述影响建筑基础埋深的因素。
2. 简述按照构造形式建筑基础的分类。</td></tr>
<tr><td>绘图题</td><td colspan="6">1. 按正确步骤抄绘教材图 6-1-4。
2. 绘制并说明相邻两建筑基础埋深图。</td></tr>
<tr><td rowspan="4">作业评价</td><td>班级</td><td></td><td>学号</td><td></td><td>姓名</td><td></td></tr>
<tr><td>同学互评</td><td></td><td colspan="2">同学签字</td><td colspan="2"></td></tr>
<tr><td>教师评分</td><td></td><td colspan="2">日期</td><td colspan="2"></td></tr>
<tr><td colspan="6">评语：</td></tr>
</table>

作　业　单

<table>
<tr><td>项目六</td><td colspan="6">识读建筑详图</td></tr>
<tr><td>任务 6.2</td><td colspan="6">识读地下室详图</td></tr>
<tr><td>作业方式</td><td colspan="6">资料查询、线上教学视频</td></tr>
<tr><td>单选题</td><td colspan="6">1. 地下室一般由（　　）、顶板、底板、门窗、楼梯五部分组成。
A. 墙体　B. 基础　C. 地基　D. 混凝土
2. 地下室墙体应满足抗渗厚度的要求，其最小厚度应大于或等于（　　）。
A. 300 mm　B. 450 mm　C. 490 mm　D. 500 mm</td></tr>
<tr><td>多选题</td><td colspan="6">1. 地下室按照埋入深度分为（　　）。
A. 全地下室　B. 半地下室　C. 人防地下室　D. 普通地下室
2. 地下室按照使用性质分为（　　）。
A. 人防地下室　B. 半地下室　C. 全地下室　D. 普通地下室</td></tr>
<tr><td>简答题</td><td colspan="6">1. 防水做法按选用材料不同可分为哪些方法?
2. 简述如何选择地下室做防潮处理还是做防水处理。
3. 简述如何区别全地下室和半地下室。
4. 简述人防地下室的含义。</td></tr>
<tr><td>绘图题</td><td colspan="6">1. 绘制地下室底板防水处理构造详图。
2. 绘制地下室顶板防水处理构造详图。</td></tr>
<tr><td rowspan="4">作业评价</td><td>班级</td><td></td><td>学号</td><td></td><td>姓名</td><td></td></tr>
<tr><td>同学互评</td><td></td><td colspan="2">同学签字</td><td colspan="2"></td></tr>
<tr><td>教师评分</td><td></td><td colspan="2">日期</td><td colspan="2"></td></tr>
<tr><td colspan="6">评语：</td></tr>
</table>

习题与思考

作 业 单

<table>
<tr><td>项目六</td><td colspan="6">识读建筑详图</td></tr>
<tr><td>任务 6.3</td><td colspan="6">识读墙体详图</td></tr>
<tr><td>作业方式</td><td colspan="6">资料查询、线上教学视频</td></tr>
<tr><td>单选题</td><td colspan="6">1. 砖的规格尺寸，长、宽、厚的比例关系为（　　）。
A. 4:2:1　　B. 3:2:1　　C. 2:2:1　　D. 4:3:2
2. 半砖（12 墙）相应规格构造尺寸为（　　）。
A. 115 mm　　B. 120 mm　　C. 125 mm　　D. 180 mm
3. 过梁是门窗洞口上部的（　　）构件。
A. 联系　　B. 承重　　C. 拉力　　D. 剪力
4. 散水一般宽度在（　　）。
A. 500~1400 mm　　B. 600~1200 mm
C. 500~1600 mm　　D. 600~1700 mm
5.（　　）是指为了增强建筑物的整体性和稳定性，在多层砖混结构建筑的墙体中设置的钢筋混凝土柱。
A. 壁柱　　B. 窗间柱　　C. 构造柱　　D. 芯柱</td></tr>
<tr><td>多选题</td><td colspan="6">1. 墙体按受力情况不同，分为（　　）。
A. 承重墙　　B. 非承重墙　　C. 隔墙　　D. 填充墙　　E. 玻璃幕墙
2. 墙体的作用包括（　　）。
A. 承重　　B. 围护空间　　C. 分隔空间　　D. 隔声　　E. 防辐射
3. 非承重墙包括（　　）。
A. 幕墙　　B. 填充墙　　C. 横墙　　D. 隔墙　　E. 纵墙</td></tr>
<tr><td>简答题</td><td colspan="6">墙体的设计应该满足哪些要求？</td></tr>
<tr><td>绘图题</td><td colspan="6">按照正确步骤抄绘教材图 6-3-23 和图 6-3-24。</td></tr>
<tr><td rowspan="4">作业评价</td><td>班级</td><td></td><td>学号</td><td></td><td>姓名</td><td></td></tr>
<tr><td>同学互评</td><td></td><td colspan="2">同学签字</td><td colspan="2"></td></tr>
<tr><td>教师评分</td><td></td><td colspan="2">日期</td><td colspan="2"></td></tr>
<tr><td colspan="6">评语：</td></tr>
</table>

习题与思考

作　业　单

<table>
<tr><td>项目六</td><td colspan="6">识读建筑详图</td></tr>
<tr><td>任务 6.4</td><td colspan="6">识读楼板详图</td></tr>
<tr><td>作业方式</td><td colspan="6">资料查询、线上教学视频</td></tr>
<tr><td>单选题</td><td colspan="6">1. 按照材料组成的不同，楼板包括（　　）。
A. 木楼板　B. 钢筋混凝土楼板　C. 压型钢板组合楼板　D. 钢板
2. 按照受力的不同，楼板包括（　　）。
A. 板式楼板　B. 肋梁楼板　C. 无梁楼板　D. 柱帽楼板
3. 楼板层是建筑重要的（　　）结构构件，担负着承担楼面荷载与竖向分割建筑内部空间的任务。
A. 竖直　B. 水平　C. 水平和竖直　D. 倾斜
4. 无梁楼板又称为（　　）。
A. 柱帽楼板　B. 单向肋梁楼板　C. 双向肋梁楼板　D. 梁板式楼板</td></tr>
<tr><td>多选题</td><td colspan="6">1. 预制钢筋混凝土楼板做成空心的目的是（　　）。
A. 刚度好　B. 制作方便　C. 提高板隔声能力　D. 减轻自重
E. 节省材料
2. 楼板按照截面形式的不同包括（　　）。
A. 实心平板　B. 槽型板　C. 空心板　D. 钢筋混凝土楼板
3. 楼板层构造组成包括（　　）。
A. 面层　B. 附加层　C. 结构层　D. 顶棚层
E. 防水层</td></tr>
<tr><td>简答题</td><td colspan="6">1. 简述现浇钢筋混凝土楼板的类型。
2. 按截面形式，预制装配式钢筋混凝土楼板分为哪几类？</td></tr>
<tr><td>绘图题</td><td colspan="6">绘制楼板层构造详图。</td></tr>
<tr><td rowspan="4">作业评价</td><td>班级</td><td></td><td>学号</td><td></td><td>姓名</td><td></td></tr>
<tr><td>同学互评</td><td></td><td colspan="2">同学签字</td><td colspan="2"></td></tr>
<tr><td>教师评分</td><td></td><td colspan="2">日期</td><td colspan="2"></td></tr>
<tr><td colspan="6">评语：</td></tr>
</table>

习题与思考

作　业　单

项目六	识读建筑详图				
任务 6.5	识读阳台详图				
作业方式	资料查询、线上教学视频				
单选题	1. 下列阳台按照使用功能分类的是（　　）。 A. 凸阳台　B. 凹阳台　C. 半凸半凹阳台　D. 生活阳台 2. 下列属于阳台的结构布置方式的是（　　） A. 悬挑梁　B. 悬挑板　C. 压梁式　D. 压板式 3. 阳台排水设计时设计标高和排水坡度合理的是（　　） A. 比室内地面高 30~50 mm　B. 比室内地面低 30~50 mm C. 坡度不小于 10%　D. 坡度不大于 5%				
多选题	1. 阳台按其与外墙面的关系分为（　　）。 A. 凸阳台　B. 凹阳台　C. 半凸半凹阳台　D. 平阳台 2. 阳台按围护构件设置情况分为（　　）。 A. 全封闭阳台　B. 半封闭阳台　C. 凸阳台　D. 凹阳台 3. 阳台的设计要求是（　　）。 A. 安全适用　B. 坚固耐久　C. 排水顺畅　D. 造型美观				
简答题	1. 简述阳台栏杆的合理高度。 2. 简述采用墙承式阳台结构布置方式的优点及适用范围。 3. 简述阳台结构布置方式。				
绘图题	绘制楼板悬挑式阳台详图。				
作业评价	班级		学号		姓名
	同学互评		同学签字		
	教师评分		日期		
	评语：				

习题与思考

作 业 单

<table>
<tr><td>项目六</td><td colspan="6">识读建筑详图</td></tr>
<tr><td>任务 6.6</td><td colspan="6">识读雨篷详图</td></tr>
<tr><td>作业方式</td><td colspan="6">资料查询、线上教学视频</td></tr>
<tr><td>单选题</td><td colspan="6">1. 悬板式雨篷外挑长度是（　　）。
A. 0.9~1.5 m　　B. 2 m　　C. 3 m　　D. 0.7~1.2 m
2. 当门洞口尺寸较大适合采用的雨篷方式是（　　）。
A. 悬挑式　　B. 悬板式　　C. 梁板式　　D. 压板式
3. 雨篷顶部排水设计时，设计排水坡度合理的是（　　）
A. 5%　　B. 10%　　C. 不小于 1%　　D. 不小于 5%</td></tr>
<tr><td>多选题</td><td colspan="6">根据雨篷板支撑方式不同雨篷分为（　　）。
A. 悬板式　　B. 梁板式　　C. 钢筋混凝土　　D. 钢结构</td></tr>
<tr><td>简答题</td><td colspan="6">简述雨篷的作用。</td></tr>
<tr><td>绘图题</td><td colspan="6">1. 绘制教材图 6-6-1 悬板式雨篷详图。
2. 绘制教材图 6-6-2 梁板式雨篷详图。</td></tr>
<tr><td rowspan="4">作业评价</td><td>班级</td><td></td><td>学号</td><td></td><td>姓名</td><td></td></tr>
<tr><td>同学互评</td><td></td><td colspan="2">同学签字</td><td colspan="2"></td></tr>
<tr><td>教师评分</td><td></td><td colspan="2">日期</td><td colspan="2"></td></tr>
<tr><td colspan="6">评语：</td></tr>
</table>

习题与思考

作　业　单

项目六	识读建筑详图
任务 6.7	识读屋顶详图
作业方式	资料查询、线上教学视频
单选题	1. 刚性防水屋面采用防水砂浆或掺入外加剂的细石混凝土作为（　　）。 A. 保护层　B. 防水层　C. 找平层　D. 结构层 2. 传统的柔性防水屋面是用（　　）防水卷材作为防水层。 A. 石灰砂浆　B. 水泥砂浆　C. 涂料　D. 沥青 3.（　　）应具有足够的强度和刚度，以减少结构层变形对防水层的影响。 A. 找平层　B. 结合层　C. 保护层　D. 结构层 4. 刚性防水屋面采用防水砂浆或掺入外加剂的细石混凝土作为（　　）。 A. 防潮层　B. 防水层　C. 结构层　D. 保护层
多选题	1. 凸缝有 3 种盖缝措施，包括（　　）。 A. 油膏嵌缝　B. 油毡盖缝　C. 脊瓦盖缝　D. 铁板盖缝 2. 刚性防水屋面一般分为（　　）。 A. 隔声层　B. 防水层　C. 隔离层　D. 找平层　E. 结构层 3. 防潮层根据不同的材料做法可以分为（　　）。 A. 防水砂浆防潮层　B. 油毡防潮层　C. 混凝土防潮层 D. 水平防潮层　E. 垂直防潮层 4. 柔性防水屋面一般分为（　　）。 A. 保护层　B. 防水层　C. 找平层　D. 结构层　E. 隔声层
简答题	刚性防水屋面的优点、缺点包括哪些？
绘图题	正确抄绘教材图 6-7-1 柔性防水卷材屋面构造层次图及教材图 6-7-6 刚性防水卷材屋面构造层次图。

<table>
<tr><td rowspan="4">作业评价</td><td>班级</td><td></td><td>学号</td><td></td><td>姓名</td><td></td></tr>
<tr><td>同学互评</td><td></td><td colspan="2">同学签字</td><td colspan="2"></td></tr>
<tr><td>教师评分</td><td></td><td colspan="2">日期</td><td colspan="2"></td></tr>
<tr><td colspan="6">评语：</td></tr>
</table>

习题与思考

作 业 单

<table>
<tr><td>项目六</td><td colspan="6">识读建筑详图</td></tr>
<tr><td>任务 6.8</td><td colspan="6">识读楼梯详图</td></tr>
<tr><td>作业方式</td><td colspan="6">资料查询、线上教学视频</td></tr>
<tr><td>单选题</td><td colspan="6">1. 正常情况下应当把楼梯坡度控制在 38°以内，一般认为（ ）是楼梯的适宜坡度。
A. 20° B. 25° C. 30° D. 35°
2. 我国规范规定，楼梯段之间的净高不应小于（ ）。
A. 2 m B. 2.1 m C. 2.2 m D. 2.5 m
3. 自动扶梯最适宜人体乘坐的坡度为（ ）
A. 25° B. 27.3° C. 30° D. 35°
4. 成人楼梯扶手的高度是（ ）。
A. 600 mm B. 800 mm C. 900 mm D. 1000 mm</td></tr>
<tr><td>多选题</td><td colspan="6">1. 楼梯按照使用性质分为（ ）。
A. 主要楼梯 B. 消防楼梯 C. 疏散楼梯 D. 辅助楼梯
E. 钢筋混凝土楼梯
2. 楼梯按照位置分为（ ）。
A. 室内楼梯 B. 室外楼梯 C. 消防楼梯 D. 双跑楼梯
E. 辅助楼梯
3. 楼梯按照材料不同分为（ ）。
A. 钢筋混凝土楼梯 B. 钢楼梯 C. 木楼梯
D. 组合材料楼梯 E. 疏散楼梯</td></tr>
<tr><td>绘图题</td><td colspan="6">按照正确步骤抄绘教材图 6-8-13 楼梯踏步节点详图。</td></tr>
<tr><td>简答题</td><td colspan="6">1. 简述楼梯按照使用性质不同的分类。
2. 简述楼梯按照平面形式不同的分类。</td></tr>
<tr><td rowspan="4">作业评价</td><td>班级</td><td></td><td>学号</td><td></td><td>姓名</td><td></td></tr>
<tr><td>同学互评</td><td></td><td colspan="2">同学签字</td><td colspan="2"></td></tr>
<tr><td>教师评分</td><td></td><td colspan="2">日期</td><td colspan="2"></td></tr>
<tr><td colspan="6">评语：</td></tr>
</table>

习题与思考

作　业　单

<table>
<tr><td>项目六</td><td colspan="6">识读建筑详图</td></tr>
<tr><td>任务 6.9</td><td colspan="6">识读台阶和坡道详图</td></tr>
<tr><td>作业方式</td><td colspan="6">资料查询、线上教学视频</td></tr>
<tr><td>单选题</td><td colspan="6">1. 光滑材料面层坡道的坡度不大于（　　）。
A. 1∶12　B. 1∶2　C. 1∶6　D. 1∶8
2. 带防滑齿坡道的坡度不应大于（　　）。
A. 1∶4　B. 1∶6　C. 1∶5　D. 1∶8
3. 轮椅坡道的宽度不应小于（　　）。
A. 0.6 m　B. 0.7 m　C. 0.8 m　D. 0.9 m</td></tr>
<tr><td>多选题</td><td colspan="6">1. 坡道按照其用途的不同可分（　　）。
A. 行车坡道　B. 轮椅坡道　C. 自行车坡道　D. 人行坡道
2. 回车坡道一般布置在哪些大型公共建筑的入口处？（　　）
A. 重要办公楼　B. 旅馆　C. 医院　D. 学校
3. 较常见的台阶形式有（　　）。
A. 单面踏步　B. 两面踏步　C. 三面踏步　D. 多面踏步</td></tr>
<tr><td>绘图题</td><td colspan="6">1. 按照正确步骤抄绘教材图 6-9-15 平面坡道做法。
2. 按照正确步骤抄绘教材图 6-9-16 防滑齿面坡道做法。</td></tr>
<tr><td>简答题</td><td colspan="6">1. 轮椅坡道尺寸应符合哪些要求？
2. 常见的架空台阶结构形式主要包括哪些？</td></tr>
<tr><td rowspan="4">作业评价</td><td>班级</td><td></td><td>学号</td><td></td><td>姓名</td><td></td></tr>
<tr><td>同学互评</td><td></td><td colspan="2">同学签字</td><td colspan="2"></td></tr>
<tr><td>教师评分</td><td></td><td colspan="2">日期</td><td colspan="2"></td></tr>
<tr><td colspan="6">评语：</td></tr>
</table>

习题与思考

作 业 单

<table>
<tr><td>项目六</td><td colspan="6">识读建筑详图</td></tr>
<tr><td>任务 6.10</td><td colspan="6">识读门窗详图</td></tr>
<tr><td>作业方式</td><td colspan="6">资料查询、线上教学视频</td></tr>
<tr><td>单选题</td><td colspan="6">1. 窗的名称 C1818，窗的尺寸宽（　　），高 1800 mm。
A. 180 mm　B. 18 mm　C. 1800 mm　D. 1818 mm
2. 门的名称 M1824，门的尺寸宽（　　），高 2400 mm。
A. 180 mm　B. 18 mm　C. 1800 mm　D. 1824 mm</td></tr>
<tr><td>多选题</td><td colspan="6">1. 窗按层数分为（　　）。
A. 单层窗　B. 双层窗　C. 三层窗　D. 四层窗
2. 窗按开启方式分为（　　）。
A. 固定窗　B. 平开窗　C. 悬窗　D. 立转窗
3. （　　）外观精美、造价适中、装配化程度高，铝合金窗耐久性好，塑钢窗密封、保温性能优良，所以在建筑工程中应用广泛。
A. 铝合金窗　B. 塑钢窗　C. 木窗　D. 钢窗
4. 窗与门的设计要求有（　　）。
A. 防风挡雨、保温、隔声　B. 开启灵活、关闭紧密
C. 便于擦洗和维修方便　D. 坚固耐用，耐腐蚀
5. 按门在建筑物中所处的位置分为（　　）。
A. 内门　B. 外门　C. 出口门　D. 入口门
6. 哪些是特殊门？（　　）
A. 保温门　B. 防盗门　C. 防火门　D. 放射线门
7. 门一般由（　　）组成。
A. 门框　B. 门扇　C. 五金零件　D. 附件</td></tr>
<tr><td>简答题</td><td colspan="6">简述窗与门的作用。</td></tr>
<tr><td rowspan="4">作业评价</td><td>班级</td><td></td><td>学号</td><td></td><td>姓名</td><td></td></tr>
<tr><td>同学互评</td><td></td><td colspan="2">同学签字</td><td colspan="2"></td></tr>
<tr><td>教师评分</td><td></td><td colspan="2">日期</td><td colspan="2"></td></tr>
<tr><td colspan="6">评语：</td></tr>
</table>

习题与思考

作　业　单

<table>
<tr><td>项目六</td><td colspan="6">识读建筑详图</td></tr>
<tr><td>任务 6.11</td><td colspan="6">识读伸缩缝详图</td></tr>
<tr><td>作业方式</td><td colspan="6">资料查询、线上教学视频</td></tr>
<tr><td>单选题</td><td colspan="6">1. 采用混凝土散水每隔（　　）设一道伸缩缝。
A. 3～12 m　　B. 4～12 m　　C. 5～12 m　　D. 6～12 m
2. 在变形缝的盖缝节点中，盖缝板的形式必须能够符合所属变形缝类别的变形需要。就伸缩缝而言，其盖缝板只需适应（　　）方向的位移。
A. 垂直　　B. 水平　　C. 30°　　D. 45°</td></tr>
<tr><td>多选题</td><td colspan="6">1. 变形缝包括（　　）。
A. 伸缩缝　　B. 沉降缝　　C. 防震缝　　D. 防裂缝
2. 伸缩缝的常见类型有（　　）。
A. 镀锌铁皮伸缩缝　　B. 橡胶伸缩缝
C. 铜伸缩缝　　D. 不锈钢伸缩缝
E. 玻璃伸缩缝
3. 伸缩缝的主要作用是（　　）。
A. 固定两个结构之间的相对位置　　B. 适应温度变化引起的形变
C. 增强结构的承载能力　　D. 提高结构的抗风能力
E. 防止液体渗漏
4. 伸缩缝的安装位置通常在（　　）。
A. 屋顶　　B. 墙体内部　　C. 基础结构上
D. 梁与梁之间　　E. 地板与墙之间
5. 如何选择合适的伸缩缝材料？（　　）
A. 根据使用环境选择，如室内或室外　　B. 选择成本低廉的材料
C. 选择耐久性强的材料　　D. 选择易于安装的材料
E. 选择与周围环境相匹配的材料
6. 伸缩缝的维护和保养需要注意哪些方面？（　　）
A. 定期清理伸缩缝内的杂物　　B. 检查伸缩缝是否有破损或老化迹象
C. 根据需要涂抹防锈或防腐涂料　　D. 避免在伸缩缝附近放置重物
E. 对损坏的伸缩缝进行及时维修或更换</td></tr>
<tr><td>简答题</td><td colspan="6">伸缩缝的主要作用是什么？</td></tr>
<tr><td>绘图题</td><td colspan="6">抄绘教材图 6-11-3 墙体伸缩缝的各种构造处理方式。</td></tr>
<tr><td rowspan="4">作业评价</td><td>班级</td><td></td><td>学号</td><td></td><td>姓名</td><td></td></tr>
<tr><td>同学互评</td><td></td><td colspan="2">同学签字</td><td colspan="2"></td></tr>
<tr><td>教师评分</td><td></td><td colspan="2">日期</td><td colspan="2"></td></tr>
<tr><td colspan="6">评语：</td></tr>
</table>

习题与思考

作　业　单

<table>
<tr><td>项目六</td><td colspan="6">识读建筑详图</td></tr>
<tr><td>任务 6.12</td><td colspan="6">识读沉降缝详图</td></tr>
<tr><td>作业方式</td><td colspan="6">资料查询、线上教学视频</td></tr>
<tr><td>单选题</td><td colspan="6">1. 在建筑结构中设置变形缝时，所设的缝需要贯通整个结构（包括基础）的是（　　）。
A. 伸缩缝　B. 沉降缝　C. 防震缝　D. 防裂缝
2. 沉降缝的宽度通常是（　　）。
A. 1~2 cm　B. 2~3 cm　C. 3~4 cm　D. 4~5 cm</td></tr>
<tr><td>多选题</td><td colspan="6">1.（多选题）墙体伸缩缝一般做成（　　）。
A. 成平缝　B. 错口缝　C. 企口缝　D. 平缝
2. 沉降缝的作用是（　　）
A. 提高建筑物的美观度　B. 增强建筑物的结构强度
C. 防止地基不均匀沉降对建筑物造成的破坏
D. 增强建筑物的保温性能
3. 沉降缝应如何维护?
A. 定期检查填料是否完好，如有需要立即更换
B. 保持沉降缝清洁，定期清理内部杂物
C. 无需特别维护，保持自然状态即可
D. 对沉降缝进行定期加固，防止其松动
4. 在什么情况下需要设置沉降缝?（　　）
A. 当建筑物高度超过 30 m 时　B. 当建筑物位于地震频发地带时
C. 当建筑物地基土质不均匀时　D. 当建筑物采用钢结构设计时
5. 沉降缝的位置通常设在（　　）。
A. 建筑物的入口处　B. 建筑物的中部
C. 建筑物的角落　D. 基础与主体结构之间</td></tr>
<tr><td>简答题</td><td colspan="6">1. 沉降缝的主要作用是什么?
2. 沉降缝与伸缩缝有何不同?</td></tr>
<tr><td>绘图题</td><td colspan="6">抄绘教材图 6-12-2 墙体沉降缝外墙平缝构造。</td></tr>
<tr><td rowspan="4">作业评价</td><td>班级</td><td></td><td>学号</td><td></td><td>姓名</td><td></td></tr>
<tr><td>同学互评</td><td></td><td colspan="2">同学签字</td><td colspan="2"></td></tr>
<tr><td>教师评分</td><td></td><td colspan="2">日期</td><td colspan="2"></td></tr>
<tr><td colspan="6">评语：</td></tr>
</table>

习题与思考

作　业　单

<table>
<tr><td>项目六</td><td colspan="6">识读建筑详图</td></tr>
<tr><td>任务 6.13</td><td colspan="6">识读防震缝详图</td></tr>
<tr><td>作业方式</td><td colspan="6">资料查询、线上教学视频</td></tr>
<tr><td>单选题</td><td colspan="6">1. 地震设防地区，当建筑物需设伸缩缝或沉降缝时，应统一按（　　）来对待。
A. 伸缩缝　　B. 沉降缝　　C. 防震缝　　D. 防裂缝
2. 为防止建筑因温度变化而产生不规则破坏而设的缝是（　　）。
A. 分仓缝　　B. 沉降缝　　C. 抗震缝　　D. 伸缩缝
3. 防震缝是否应贯穿整个建筑物？（　　）
A. 是，贯穿整个建筑物
B. 否，仅在关键部位设置
C. 具体情况具体分析
D. 不需要贯穿，仅在基础部分设置即可
4. 防震缝与沉降缝有何不同？（　　）
A. 防震缝主要应对地震影响，而沉降缝主要应对建筑物的沉降
B. 防震缝仅在地震时发挥作用，而沉降缝在任何时候都会起作用
C. 防震缝的设计更加复杂，而沉降缝的设计相对简单
D. 防震缝与沉降缝的作用相同，只是名称不同</td></tr>
<tr><td>多选题</td><td colspan="6">1. 墙体伸缩缝一般做成什么构造？（　　）
A. 成平缝　　B. 错口缝　　C. 企口缝　　D. 平缝
2. 为防止外界自然条件通过伸缩缝对墙体及室内环境的侵袭，需对伸缩缝进行构造处理，外墙缝内填塞添加哪些材料？（　　）
A. 沥青麻丝　　B. 沥青木丝板板　　C. 泡沫塑料条　　D. 橡胶条
3. 防震缝分类有哪些？（　　）
A. 墙体防震缝构造　　B. 楼地面和屋面变形缝构造
C. 地基防震缝构造　　D. 梁防震缝构造</td></tr>
<tr><td>简答题</td><td colspan="6">1. 防震缝的主要作用是什么？
2. 防震缝、沉降缝与伸缩缝有何不同？</td></tr>
<tr><td>绘图题</td><td colspan="6">抄绘教材图 6-13-1 墙体防震缝外墙平缝处构造。</td></tr>
<tr><td rowspan="4">作业评价</td><td>班级</td><td></td><td>学号</td><td></td><td>姓名</td><td></td></tr>
<tr><td>同学互评</td><td></td><td colspan="2">同学签字</td><td colspan="2"></td></tr>
<tr><td>教师评分</td><td></td><td colspan="2">日期</td><td colspan="2"></td></tr>
<tr><td colspan="6">评语：</td></tr>
</table>

读者意见反馈

为收集对教材的意见建议，进一步完善教材编写并做好服务工作，读者可将对本教材的意见建议通过如下渠道反馈至我社。

咨询电话　400-810-0598

反馈邮箱　gjdzfwb@pub.hep.cn

通信地址　北京市朝阳区惠新东街4号富盛大厦1座

高等教育出版社总编辑办公室

邮政编码　100029

授课教师如需获得本书配套教辅资源，请登录“高等教育出版社产品信息检索系统”（https://xuanshu.hep.com.cn/）搜索下载，首次使用本系统的用户，请先进行注册并完成教师资格认证。